I0004570

DAS

GRAPHISCHE EINMALEINS

ODER DIE

RECHENTAFEL,

EIN

ERSATZ FÜR DEN RECHENSCHIEBER

ENTWORFEN VON

GUSTAV HERRMANN,

ordentl. Professor an der Kgl. polytechnischen Schule zu Aachen.

BRAUNSCHWEIG,

DRUCK UND VERLAG VON FRIEDRICH VIEWEG UND SOHN.

1 8 7 5.

Um dem Ingenieur die Ausführung der Rechnungs-
operationen der Multiplication, Division, des Potenzirens
und Radicirens thunlichst zu erleichtern, ohne deswegen
zur Anwendung umfänglicher Logarithmentafeln genöthigt
zu sein, hat man mehrfach graphische Verfahrungsarten in
Vorschlag gebracht. Als ein naheliegendes Mittel zu diesem
Zwecke bot sich die Verwendung logarithmischer
Maassstäbe dar, deren Einrichtung und Gebrauch Jedem
leicht verständlich sind, welcher die Elemente des logarithmischen Rechnens kennt. Theilt man einen beliebigen
Maassstab ABC, Fig. 1, dessen Einheit gleich $AB = BC$

Fig. 1.

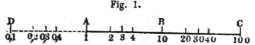

sein mag, derartig ein, dass die Abstände der Theilpunkte
vom Anfangspunkte A gleich den Logarithmen der natürlichen Zahlen sind, und schreibt an die Theilpunkte nicht
diese Werthe der Logarithmen, sondern diejenigen der zugehörigen Nummern, so hat man einen logarithmischen
Maassstab. Offenbar muss dieser Einrichtung zufolge in B,
also in der Einheitsentfernung von A die Zahl 10, in C
oder der Entfernung gleich Zwei von A die Zahl 100 u. s. f.
stehen, weil die Logarithmen von 10 und 100 durch 1 be-
ziehungsweise 2 dargestellt sind. Ebenfalls wird A die
Bezeichnung 1 erhalten, da der Logarithmus von 1 gleich
Null ist, und die Abstände $A2$, $A3$, $A4$... hat man entsprechend gleich $Log.\ 2 = 0{,}301$, $Log.\ 3 = 0{,}477$, $Log.\ 4$
$= 0{,}602$... zu machen. Auf solche Art erhält man eine
Theilung, deren Intervallgrösse nach einem bestimmten
Gesetze abnimmt. Es ist übrigens klar, dass die gegen-
seitigen Abstände der Punkte zwischen A und B, welche
den Nummern 1, 2, 3... entsprechen, genau übereinstimmen
mit denen der Punkte zwischen B und C, welche den Werthen 10, 20, 30... angehören, da der Logarithmus einer

Zahl genau um die Einheit, hier also AB, kleiner ist, als
der Logarithmus des zehnfachen Werthes derselben Zahl.
Hieraus folgt auch ohne Weiteres, dass eine Wiederholung
der zwischen A und B erhaltenen Theilung in dem rückwärts von A gelegenen Stücke DA daselbst Punkte liefert,
denen die Nummern 0,1, 0,2, 0,3 ... entsprechen, da die
Abstände (negative) dieser Punkte von A den Logarithmen
von 0,1, 0,2, 0,3 ... gleich sind. Man erkennt hieraus, dass
es für den praktischen Gebrauch genügen wird, die logarith-
mische Theilung nur in der Ausdehnung einer Einheit, also
etwa zwischen A und B, entsprechend den Werthen zwischen 1 und 10, genau auszuführen, da die übrigen Theile
doch nur Wiederholungen sein würden. Um dann diesen
Maassstab für die Operationen mit allen möglichen Zahlen
benutzen zu können, hat man nur nöthig, die letzteren
durch gehörige Versetzung des Kommas in einstellige Zahlen verwandelt zu denken, und in dem gefundenen Resultate dieser gedachten Stellenversetzung in entsprechender
Weise Rücksicht zu tragen, wie aus dem Folgenden sich
ergeben wird. Es entspricht dies volkommen der Einrichtung der Logarithmentafeln, welche auch nur die Mantisse
ergeben, und die einfache Bestimmung der Kennziffer aus
der Stellenzahl dem Rechnenden überlassen.

Hat man nun einen solchen logarithmischen Maassstab
für die Zahlen von 1 bis 10, etwa wie AB, Fig. 2, so ersieht

Fig. 2.

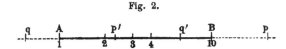

man leicht, wie man durch Aneinanderfügen oder Abziehen
der den einzelnen Logarithmen zweier Zahlen entsprechen-
den Strecken, etwa mit Hülfe des Zirkels, die Rechnungen
der Multiplication und Division jener Zahlen graphisch ausführen kann. Nimmt man z. B. die Strecke $A2$, also den
Logarithmus von 2 in den Zirkel, und trägt sie von 3 aus
in der Richtung nach B hin an, so wird man zu dem mit
6 bezeichneten Punkte gelangen, da $Log.\ 3 + Log.\ 2 =$
$Log.\ 6$ ist. In ähnlicher Art wird man den Punkt 1,5
erreichen, wenn man die gedachte Strecke $A2$ von 3 aus
nach dem Anfangspunkte A hin rückwärts aufträgt, also
von $A3$ abzieht, denn man hat immer $Log.\ 3 - Log.\ 2$
$= Log.\ 1,5$. Da nun an die Theilpunkte des Maassstabes
nicht die Werthe der Logarithmen, sondern die zugehörigen Nummern geschrieben sind, so folgt, dass man durch
jenes zeichnerische Antragen der Strecken dazu gelangt,
das Rechnungsresultat ohne Weiteres ablesen zu können.
Hinsichtlich der Potenzirung gilt Aehnliches, wie für die
Multiplication, man wird also beispielsweise durch Anfügung

der Strecke $A\,3$ an diese selbst von 3 aus nach dem Punkte 9 gelangen, da $2\,Log.\,3 = Log.\,3^2 = Log.\,9$ ist, und muss ebenso, wenn die Strecke $A\,8$ also $Log.\,8$ in drei gleiche Theile getheilt wird, jeder Theil die Länge $A\,2$ oder $Log.\,2$ behalten, weil $\frac{1}{3}\,Log.\,8 = Log.\,\sqrt[3]{8} = Log.\,2$ ist.

Wenn man in dieser Weise zwei Zahlen multiplicirt, deren Product grösser als 10 ist, so fällt der durch Zusammenfügung der beiden Strecken erhaltene Punkt nicht mehr zwischen A und B, sondern rechts über B hinaus. Fügt man z. B. $A\,6 = Log.\,6$ an $A\,4$ oder $Log.\,4$ in 4 an, so erhält man einen Punkt p, welcher so liegt, dass $A\,p = Log.\,24$ ist. Da nun $A\,p = A\,B + B\,p$ und $A\,B = 1$ ist, so hat man $1 + B\,p = Log.\,24$ oder $B\,p = Log.\,24 - 1$ $= Log.\,24 - Log.\,10 = Log.\,2{,}4$. Nimmt man daher den über B hinaus gelegenen Theil $B\,p$ in den Zirkel und trägt ihn von A aus als $A\,p'$ an, so erhält man einen Punkt, dessen zugehöriger Werth 2,4 das gesuchte Product repräsentirt, vorausgesetzt, dass man diesen Werth zehnmal so gross annimmt, oder das Komma um eine Stelle nach rechts rückt.

In gleicher Weise erhält man bei der Ausführung der Division 4 : 5, wenn man die Strecke $A\,5$ von 4 aus nach links zurückträgt, einen Punkt q, welcher nicht mehr zwischen A und B, sondern links über A hinaus gelegen ist. Die negativ anzusehende Strecke $- A\,q$ stellt nun den Logarithmus von $\frac{4}{5}$ vor. Addirt man zu dieser Strecke $- A\,q$ ein Stück gleich der Einheit $A\,B$, indem man dasselbe von q aus nach rechts anträgt, so gelangt man zu einem Punkte q', welcher von B denselben Abstand hat wie q von A, und es ist offenbar $- A\,q = A\,q' - A\,B = A\,q' - 1$. Es muss daher die zu q' gehörige Zahl gerade zehnmal so gross sein, wie die bei q stehende und man erhält daher den Quotienten $\frac{4}{5}$, wenn man die Zahl q' oder 8 durch zehn dividirt, also zu 0,8. Es geht dies übrigens ohne Weiteres aus der bereits angegebenen Eigenthümlichkeit der logarithmischen Theilung hervor, wonach jeder Punkt der Scala einem zehnmal so grossen Werthe entspricht, wie der gerade um die Maasseinheit von ihm zurückstehende Punkt.

Bisher wurde stillschweigend angenommen, dass die Zahlen, mit welchen gerechnet werden soll, Werthe zwischen 1 und 10 haben. Ist dies nicht der Fall, so ändert sich das Verfahren durchaus nicht, wenn man nur durch Versetzung des Kommas die Zahlen auf die geforderten Werthe zwischen 1 und 10 bringt. Ist z. B. mit einer Zahl wie 35,6 oder 0,356 zu rechnen, so führe man die Operation in beiden Fällen mit 3,56 aus und vergegenwärtige sich nur, dass man die Zahl im ersten Falle durch Kommaversetzung

zehnmal zu klein, im zweiten Falle zehnmal zu gross angenommen hat, und dass daher das erhaltene Rechnungsresultat eine hierauf bezügliche Correction hinsichtlich der
Stellung des Kommas erheischt. Die Regel, die man für
diese Berichtigung des Kommas geben kann, ist einfach
die, dass jede an einer der Rechnungsgrössen um
beliebig viele Stellen nach rechts oder links vorgenommene Kommaversetzung in dem Resultate
eine Versetzung des Kommas um ebenso viele
Stellen erfordert; und zwar nach der entgegengesetz-
ten Richtung, wenn die Rechnungsgrösse in dem Resultate
als Factor (im Zähler), nach derselben Richtung, wenn
sie als Divisor (Nenner) auftritt. Hiernach hat man z. B.
das Komma zu versetzen:

a) in dem Producte:

	um Stellen nach:
32,4 . 436,	1 rechts $+$ 2 rechts $=$ 3 rechts,
0,0324 . 43,6	2 links $+$ 1 rechts $=$ 1 links,
0,0324 . 436	2 links $+$ 2 rechts $=$ 0;

b) in dem Quotienten:

32,4 : 436	1 rechts $+$ 2 links $=$ 1 links,
324, : 0,436	2 rechts $+$ 1 rechts $=$ 3 rechts,
0,0324 : 0,0436	2 links $+$ 2 rechts $=$ 0.

Es ist natürlich, dass in dem Producte oder dem Quotienten der einstelligen Zahlen 3,24 und 4,36 das Komma
mit Rücksicht auf die vorstehenden Bemerkungen zu be-
stimmen ist, wonach von zwei einstelligen Zahlen das Product zwischen 1 und 100 (hier 3,24 . 4,36 $=$ 14,1), und der
Quotient zwischen 0,1 und 10 (hier 3,24 : 4,36 $=$ 0,743) liegt.
Im Uebrigen sind specielle Regeln über die Bestimmung
des Kommas in Producten und Quotienten überflüssig, wenn
man sich nur stets gegenwärtig hält, dass jede an den
Rechnungsgrössen willkürlich vorgenommene Ver-
änderung, wie eine Kommaversetzung sie ist, an dem
Resultate wieder vernichtet werden muss. In den
meisten Fällen wird überhaupt die Stellung des Kommas von
vornherein nicht zweifelhaft sein. Das für die Multiplication
und Division Gesagte findet auch bei dem Potenziren und
Radiciren seine Anwendung, worauf im Folgenden noch
näher eingegangen werden soll.

In dem Vorstehenden sind einige Grundsätze des soge-
nannten Zirkelrechnens an und mit logarithmischen Maassstäben angegeben, d. h. der Operationen, welche durch einfaches Abgreifen und Antragen, Vervielfältigen und Theilen
von Strecken gewisse Rechnungsresultate zum Vorschein
bringen. Um die meist unbequemen Zirkelmanipulationen
zu umgehen, hat man schon längst den Rechenschieber
construirt, welcher im Wesentlichen aus zwei gleichen logarithmischen Maassstäben besteht, die durch ihre Ver-
schiebung gegen einander ein bequemes Addiren und Sub-

trahiren der Strecken gestatten. Dieses Instrument, welches insbesondere bei Ausführung von Multiplicationen und Divisionen beträchtliche Erleichterungen gewährt, während die Aufsuchung von anderen als Quadratwurzeln damit schon umständlicher wird, ist, wenn es genau ausgeführt und insbesondere dem leidigen Werfen und Verziehen nicht unterworfen ist, in geübter Hand ein sehr nützliches Werkzeug zum Rechnen, dem man im Interesse der Zeitöconomie wohl eine allgemeinere Verbreitung wünschen dürfte, als es bisher gefunden hat.

Mancherlei Ursachen haben zusammengewirkt, um eine allgemeinere Anwendung des Rechenschiebers bisher zu hindern. Dass man überhaupt ein Instrument gebraucht, an welchem Manipulationen vorgenommen werden, deren Ausführung eine gewisse Handfertigkeit erfordert, die wiederum nur durch längere Uebung erreicht werden kann, schreckt gar Manchen von dem Gebrauche des Rechenschiebers ab. Dass derselbe die Ermittelung von höheren Wurzeln, z. B. schon von Cubikwurzeln nur in umständlicher Art gestattet, ist schon erwähnt und jedenfalls ist auch der bei guter Ausführung nicht ganz geringe Preis des Instruments ein nicht zu unterschätzendes Hinderniss seiner Verbreitung. Trotzdem würde aber das Rechenlineal in der Hand des Ingenieurs viel häufiger gefunden werden, wenn die technischen Bildungsanstalten bislang den graphischen Verfahrungsarten beim Rechnen und Construiren grössere Sorgfalt zugewandt hätten. Die erfreulichen Bestrebungen, welche wir neuerdings so allgemein von den technischen Lehranstalten der Cultur der Graphik zugewendet sehen, werden sicherlich auch den Erfolg haben, dass die Techniker von den Vortheilen einen allgemeineren Gebrauch machen, welche ihnen graphische Mittel gewähren können.

Um die Uebelstände des Rechenlineals zu umgehen, bediene ich mich schon seit Jahren mit Vortheil zum Rechnen eines einfachen Hülfsmittels in Form einer graphischen Tabelle, welche ich auf den Wunsch mehrerer Collegen und anderer Freunde hiermit veröffentliche, um sie einer allgemeineren Verwendung zugänglich zu machen. Diese Tabelle leistet hinsichtlich der Multiplication und Division dasselbe, was der Rechenschieber auch leistet, sie ersetzt also wie dieser alle Arten von Reductionstabellen für Maasse, Gewichte etc., Kreisinhalts- und Umfangstabellen u. s. w. Hinsichtlich des Potenzirens und Radicirens leistet sie mehr als der Rechenschieber, da sie ohne Weiteres nicht nur die Werthe n^2, $\sqrt{n}$, n^3, $\sqrt[3]{n}$, $(\sqrt{n})^3$, $(\sqrt[3]{n})^2$ giebt, sondern auch einfach durch Eintragen einer Geraden dazu eingerichtet werden kann, eine beliebige andere Potenz oder Wurzel aller Zahlen zu ergeben. Die Tabelle ist, wie man sieht, zum Zusammenfalten in der Mitte eingerichtet, um bequem

im Notizbuche Unterkommen zu finden, für den Gebrauch
im Bureau ist dies nicht nöthig und empfiehlt sich das Auf-
kleben auf ein Stück Pappe, resp. den Zeichentisch. Die
Genauigkeit, welche die Tabelle gewährt, ist mindestens so
gross, wie die der gewöhnlichen Rechenschieber (3 Stellen
mit Sicherheit), ihre Scala ist sogar noch etwas grösser
(im Verhältniss 6 : 5), als die der letzteren gewöhnlich zu
sein pflegt. Die Handhabung endlich erfordert zwar auch
erst einige Uebung, die aber leicht erlernt ist, da eigent-
liche Regeln gar nicht besonders angegeben werden brauchen,
indem dieselben für denjenigen ganz von selbst in die Augen
springen, welchem die Grundzüge des logarithmischen Rechnens bekannt sind.

Zum Verständniss der, von mir wegen ihrer Einfach-
heit „Einmaleins" genannten Tafel diene Folgendes. Es
sei (Fig. 3) c ein beliebiger Punkt, durch seine Coordinaten
Aa und Ab in einem rechtwinkeligen System gegeben, und

Fig. 3.

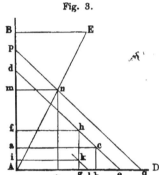

durch ihn unter 45° Neigung gegen die Axen eine Linie
dce gelegt, die wir kurzweg Diagonale nennen wollen. Man
hat dann offenbar in den Abschnitten auf den Axen Ad
$= Ae$ die Summe der Coordinaten des Punktes c, denn
wegen der Neigung der Diagonale unter 45° gegen die
Axen ist $ac = ad$ und $bc = be$, also:

$$Ad = Ae = ac + bc = Aa + Ab,$$

woraus ebenfalls folgt, dass jede Ordinate eines Punktes die
Differenz zwischen dem Axenabschnitte und der zugehörigen anderen Ordinate ist, also:

$$Aa = Ae - Ab \quad \text{und} \quad Ab = Ad - Aa.$$

Denkt man sich daher die Axen AB und AD logarith-
misch getheilt, so dass der Abstand Aa gleich dem Logarithmus von a und $Ab = Log. b$ ist, so ist es klar, dass
die Diagonale de auf den Axen in d oder e von A aus
Stücke abschneidet gleich der Summe der Logarithmen von
a und b, d. h. gleich dem Logarithmus des Productes ab.

Die Regel zur Multiplication zweier Zahlen a und b folgt daher ganz von selbst dahin: „Man suche die Factoren auf den Axen auf, die durch den zugehörigen Punkt gehende Diagonale schneidet auf jeder Axe das Product ab".

Ebenso einfach ergiebt sich die Divisionsregel dahin: „Um eine Zahl (d) durch eine andere (a) zu dividiren, suche man den Dividenden (d) auf einer Axe auf und lege die Diagonale hindurch, den Divisor (a) suche man ebenfalls auf einer beliebigen Axe auf und gehe von ihm mit der anderen Axe parallel nach der Diagonale, dem Schnittpunkte (c) gehört auf der anderen Axe der gesuchte Quotient (Ab) als Ordinate an".

Man kann hierbei den Divisor a auf jeder beliebigen der beiden Axen annehmen und findet den Quotienten immer auf der anderen, wäre also a auf AD genommen, so fände sich b auf AB. Ferner ist klar, dass allen Punkten einer Diagonale de dasselbe Product, also dieselbe Ordinatensumme $Aa + Ab = Ad$ entspricht. Es folgt daher sofort, in welcher Art eine Multiplication mit einer Division combinirt werden kann. Hat man z. B. den Werth $\dfrac{ab}{f}$ aufzusuchen, so nehme man a und b auf den Axen, lege durch den zugehörigen Punkt c die Diagonale, deren Schnittpunkt h mit der von f aus gezogenen Ordinate in der anderen Ordinate Ag sofort den Werth $g = \dfrac{ab}{f}$ liefert. Hätte man diesen Quotienten wieder mit einer Zahl i zu multipliciren, so würde der Schnittpunkt k zwischen hg und der von i aus gezogenen Ordinate mittelst der Diagonale in l den Werth $l = i\,\dfrac{ab}{f}$ liefern. In dieser Art kann man beliebig viele Multiplicationen und Divisionen nach einander vornehmen, ohne, wie dies bei directer numerischer Ausführung der Fall ist, die einzelnen Partialresultate (oben z. B. ab, $\dfrac{ab}{f}$) besonders ermitteln zu müssen. Ein Blick auf die Figur sagt sofort, dass man dabei gut thun wird, die Multiplicationen womöglich mit den Divisionen abwechseln zu lassen.

Auch das Potenziren und Radiciren führt sich in einfacher Weise aus. In der Praxis handelt es sich vornehmlich um die Quadrate und Cuben, sowie die Quadrat- und Cubikwurzeln, deshalb möge deren Ermittelung hier zunächst besprochen werden, woraus nebenbei sich ergeben wird, dass die Bestimmung irgend einer anderen Potenz mit beliebigem ganzen oder gebrochenen Exponenten auch keine weitere Schwierigkeit darbietet.

In Fig. 3 ist von A eine Gerade AE so gezogen, dass $BE = \frac{1}{2} AB$ gemacht ist, der Neigungscoefficient dieser

Linie oder die Tangente ihres Neigungswinkels gegen die Axe AD also 2 beträgt. Zieht man durch einen beliebigen Punkt n dieser Transversale drei Gerade nach den Richtungen der Axen und der Diagonale, und zwar nm horizontal, no vertical und pnq diagonal, so hat man folgende Beziehungen mit daraus von selbst sich ergebenden Rechnungsregeln:

    1) $Am = 2\,Ao$ oder $Ao = \tfrac{1}{2}\,Am$.

Soll daher eine Zahl o ins Quadrat erhoben werden, so suche man sie auf der Axe AD, gehe von ihr vertical aufwärts bis zur Transversale AE und von dem Schnittpunkte n horizontal nach der anderen Axe AB, auf welcher bei m das Quadrat steht. Ebenso findet man umgekehrt die Quadratwurzel aus einer Zahl m, wenn man dieselbe auf AB aufsucht, horizontal nach der Transversale und vom Schnittpunkte n vertical abwärts nach AD geht, wo in o die Quadratwurzel aus m gefunden wird.

    2) $Ap = Aq = 3\,Ao$ und $Ao = \tfrac{1}{3}\,Ap = \tfrac{1}{3}\,Aq$.

Man erhebt eine Zahl o auf die dritte Potenz, wenn man von ihr auf der Axe AD vertical aufwärts nach der Transversale und von deren Schnittpunkte (n) diagonal auf- oder abwärts nach einer der Axen geht, wo man in p oder q den gesuchten Cubus findet.

Für die Ermittelung der dritten Wurzel aus einer Zahl p hat man die letztere auf einer der Axen anzunehmen, diagonal nach der Transversale zu gehen und von dem Schnittpunkte n vertical abwärts nach AD zu ziehen, um in o die verlangte Cubikwurzel zu erhalten. Man kann hierbei ebensowohl den Linienzug pno wie qno benutzen.

    3) $Ap = Aq = \tfrac{3}{2}\,Am$ und $Am = \tfrac{2}{3}\,Ap = \tfrac{2}{3}\,Aq$.

Ganz ähnlich ergiebt sich hieraus die Regel, dass man durch den Linienzug mnp oder mnq in p oder q den Werth für $(\sqrt{m})^3$ und auf dem Wege pnm oder qnm in m den Werth für $(\sqrt[3]{p})^2$ erhält.

Es ist wohl leicht ersichtlich, dass man zur Ermittelung beliebiger anderer Potenzen nur eine Transversale von der nöthigen Neigung gegen die Axen gebraucht. Hätte man z. B. öfter Potenzen mit gebrochenen Exponenten, z. B. von der Form $n^{1,42}$ (s. Wärmetheorie) zu berechnen, so hätte man nur nöthig, eine Transversale von A aus zu zeichnen, deren Neigungswinkel gegen die Axe AD eine Tangente von 1,42 hat.

Dass man alle diese Operationen des Multiplicirens, Dividirens, Potenzirens und Radicirens in beliebiger Anzahl und Folge hinter einander ausführen kann, bedarf wohl keiner Auseinandersetzung, und es ist auch vollständig unnöthig, über die einzelnen Fälle specielle Regeln zu geben, deren Anwendung meistens nur zu Unsicherheit und Zeitverlust Veranlassung geben würde. Die Anschaulichkeit, diese vorzügliche Begleiterin aller graphischen Methoden, um deren Freundschaft der Ingenieur sich nie zuviel bemühen kann, giebt hier in jedem Falle ein untrügliches Kennzeichen für die Richtung, in welcher die Hand einen Linienzug auf dem Papiere auszuführen habe, um eine Vergrösserung oder um eine Verringerung einer Strecke herbeizuführen. Mehr ist aber zu wissen nicht nöthig, sobald man sich vergegenwärtigt, dass eine Multiplication auf eine Addition der Logarithmen oder Strecken, und eine Division auf eine Subtraction derselben hinausläuft. Bei complicirten Rechnungen giebt die Anschauung den sicheren Ariadnefaden für die sonst labyrinthisch erscheinenden Kreuz- und Querzüge der Hand.

Nach dem, was bis jetzt über die Eigenschaften der logarithmischen Theilung und über die Art der graphischen Addition, Subtraction, Vervielfachung und Theilung von Strecken gesagt ist, erübrigt nur noch wenig über die Einrichtung meiner Tafel hinzuzufügen, deren Wesen nach dem Vorhergehenden nun wohl schon klar sein dürfte.

Man erkennt zunächst die beiden rechtwinkeligen Coordinatenaxen AB und AD mit ihren gleichen logarithmischen Eintheilungen in den anstossenden Seiten eines Quadrats *) $ABCD$ wieder, dessen beide andere Seiten BC und DC der Bequemlichkeit halber ebenfalls mit logarithmischer Theilung versehen sind, so zwar, dass man BC als Fortsetzung von AB und DC als Fortsetzung von AD betrachten kann.

Da es umständlich und zeitraubend sein würde, wollte man in jedem einzelnen Falle die Ermittelung eines Rechnungsresultates in der oben gedachten Weise durch Zeichnung bewirken, indem man nach Erfordern die horizontalen, verticalen und diagonalen Linien einzeichnete, da dann die Tafel überhaupt nur im Bureau verwendbar wäre, so sind in der Tafel alle die ausserordentlich vielen, wenn man will, unendlich vielen Rechnungen in einfacher Art bereits

---

*) Die Figur ist nicht genau ein Quadrat wegen des mittleren Zwischenraumes $GEFH$, welcher eigentlich nicht zur Tafel gehört, und nur mit Rücksicht auf die mögliche Zusammenfaltbarkeit der Tafel leer gelassen, und zur Bequemlichkeit mit Scalen versehen ist. Für die Ausführung der Operationen ist dieser Zwischenraum ohne Bedeutung, und man wird, wenn man von der einen Hälfte $ABEG$ der Tafel nach der anderen $HFCD$ übergehen will, dies stets in horizontaler Richtung thun müssen, so nämlich, als ob der Streifen $GEFH$ gar nicht da wäre, sondern GE mit HF zusammenfiele. Solche Uebergänge sind übrigens selten nöthig.

dadurch ausgeführt worden, dass die Tafel mit einem Netze
von nahe neben einander liegenden geraden Linien in horizontaler, verticaler und diagonaler Richtung belegt ist.
Offenbar sind hierdurch · alle möglichen Rechnungen aus
dem Bereiche der mehrgedachten vier Operationen für
diejenigen Punkte der Scalen bereits ausgeführt, welche
von diesen Netzstrahlen getroffen werden, und es gehört
nur wenig Uebung im Interpoliren dazu, um für die zwi-
schenliegenden Werthe die zugehörigen Resultate zu ermitteln. Zur Erleichterung dieser Interpolation sind die Fahrstrahlen so dicht neben einander angeordnet (in 0,01 Abstand die horizontalen und verticalen, 0,02 Abstand die
diagonalen), als die Deutlichkeit gestattete, und ist die
Uebersichtlichkeit durch stärkere Fahrstrahlen nach je 10
resp. 5 Intervallen möglichst zu erreichen gesucht.

Durch diese Einrichtung unterscheidet sich die gegebene
Tafel ihrem Charakter nach wesentlich von dem Rechenschieber und allen Rechenmaschinen. Bei den letzteren
wird immer das gewünschte Resultat erst durch gewisse
Manipulationen, z. B. Verschiebungen, Anfügungen u. s. w.
hergestellt, während die hier vorgelegte Tafel alle möglichen Resultate bereits enthält, und es hierbei nur dar-
auf ankommt, das gerade gewünschte Resultat richtig
und schnell herauszufinden. Die Tafel ist daher kein Instrument zum Ausrechnen, keine Rechenmaschine
wie der Rechenschieber, sondern eine schon ausgerech-
nete Tabelle. Die Reichhaltigkeit dieser Tabelle ist eine
ganz ausserordentliche, durch numerische Tabellen auf
gleichem Raume niemals auch nur annähernd erreichbare.
Dass die graphische Methode wirklich so Ausserordentliches
leistet, zeigt ein einfaches Beispiel. Hat man die beiden
logarithmischen Maassstäbe auf den Axen AB und AD
einmal entworfen und das Netz der Verticalen und Horizontalen gezeichnet, so ist eine einzige Diagonale, die man
unter 45⁰ Neigung gegen (die Axen zieht, z. B. diejenige
durch 6, gleichbedeutend mit der numerischen Ausrechnung
einer Unzahl von Multiplicationsexempeln, nämlich aller
derjenigen, die als Product den Werth 6 liefern. Ist nun
die Scala in solcher Ausdehnung aufgetragen, dass man
drei Ziffern mit Sicherheit ablesen kann, so ist die Anzahl
der betreffenden Multiplicationen, welche durch den einfachen Zug der Diagonale durch 6 ausgeführt sind, gleich
500, denn alle Zahlen zwischen 1 und 6 in Intervallen von
0,01 können als der eine Factor angenommen, und kann
der ihnen zugehörige Factor abgelesen werden, welcher
mit jenem das Product 6 ergiebt. Viele Beispiele könnte
man hier anführen, wo eine graphische Darstellung in weni-
gen Stunden die Arbeit ganzer Wochen numerischen Rechnens ersetzen kann, doch würde das hier zu weit führen.
Bedenkt man aber, mit welch geringen Mitteln und in

welch kurzer Zeit ein zeichnerisches Verfahren hier so
Ausserordentliches leistet, so ist man in Zweifel, ob man
mehr staunen soll über die Leistungsfähigkeit der graphischen Methode, oder über die Seltenheit ihrer Anwendung.

Der Zweck der beiden Transversalen AE und HC ist
aus dem, was oben über die Ermittelung der Quadrate und
Cuben sowie der Quadrat- und Cubikwurzeln gesagt worden
ist, wohl ohne Weiteres klar, denn diese Linien bilden
einen Neigungswinkel mit der horizontalen Axe AD, dessen
Tangente gleich 2 ist.

Die Regeln, welche nun zur Aufsuchung der Rechnungsresultate der vier mehrgenannten Rechnungsarten zu be-
folgen sind, dürften aus dem vorstehend Angeführten sich
wohl von selbst ergeben, es wird daher genügen auf einige
Besonderheiten aufmerksam zu machen, die aus der Einrichtung der Tafel folgen.

Hat man zwei Zahlen a und b zu multipliciren, und
sucht nach dem Obigen a in AB, b in AD, geht von a
horizontal nach rechts, von b vertical aufwärts, und vom
Schnitt diagonal ab- oder aufwärts, so findet man das Product
ab in AD oder AB. Hierbei kann man sich mit Vortheil
eines Glasstreifens von ca. 80ᵐᵐ Länge und 20ᵐᵐ Breite
bedienen, auf welchem durch die Mitte eine gerade Linie
der Länge nach eingerissen ist, die man mit der Ordinate
a oder b zum Zusammenfallen bringt. Man wird, da es
hier gleichgültig ist, wo man das Product entnimmt, auf
AD oder AB, immer den kürzesten Weg wählen, um
an Zeit sowohl wie an Sicherheit zu gewinnen. Gesetzt,
man hätte 7,12 . 1,25 zu bilden, und nähme 7,12 auf AB,
1,25 auf AD, so wird man, da der Schnittpunkt hoch oben
in der Nähe von B liegt, das Product 8,80 aus AB entnehmen. Man kann hierbei gleichzeitig bemerken, dass
man in solchem Falle auch besser thun wird, den Factor
1,25 anstatt auf AD auf der oberen Scala BC (12,5) aufzusuchen, um durch einen möglichst kurzen Linienzug
zum Ziele zu kommen. Würde man den Factor 7,12 auf
der unteren Scala aufsuchen, so würde man, da der Schnittpunkt in der Nähe von D liegt, am besten das Product
ebenfalls aus der unteren Scala AD entnehmen, und wäre
es auch gerathen den anderen Factor 1,25 auf DC (12,5)
anstatt auf AB zu suchen.

Die Diagonale wird hierbei immer die Seiten AB und AD
schneiden, so lange das Product zwischen 1 und 10 enthalten
ist. Wird dieses Product grösser, so würde der Schnittpunkt
auf AB über B hinaus und auf AD rechts über D hinaus zu
suchen sein, und zwar in einem Abstande von B resp. D, welcher
gerade so gross ist, wie der Abstand von denselben Punkten, in welchen die beiden anderen Seiten BC und DC
von der Diagonale geschnitten werden. Man findet daher

in diesem Falle das Resultat in dem Schnittpunkte der
Diagonale mit BC resp. DC. Dies wird aus dem Obigen
klar, wenn man die beiden Scalen AB und BC oder
diejenigen AD und DC als zu gemeinschaftlichen Maassstäben von der Länge 2 gehörend betrachtet, welche
Maassstäbe in den Ecken B und D wie um Scharniere um
90⁰ umgeknickt sind. Entsprechend der oben gemachten
Bemerkung, dass das Product zweier einstelligen Zahlen
zwischen 1 und 100 liegen muss, kann man daher bemerken, dass ein aus der linken oder unteren Scala entnommenes Product zwischen 1 und 10 und ein aus der oberen
oder rechten Scala entnommenes Product zwischen 10 und
100 liegt.

Eine besondere Erörterung bedarf noch die in dem
Zwischenraume FH angebrachte Scala, die zu beiden Seiten
der Mittellinie die nämliche Ausführung zeigt. Gesetzt man
habe 2,95 . 2,66 zu bilden, und sucht 2,96 auf AB, 2,66 auf
AD auf, so könnte man das Resultat, der Diagonale aufwärts folgend, auf AB bei 7,85 finden. Wollte man den
Werth auf der unteren Scala AD aufsuchen, so müsste
man der Diagonale abwärts bis zu EG folgen, den Zwischenraum bis FH horizontal überschreiten und von FH
diagonal abwärts bis AD gehen. Macht man diesen Weg,
so findet man dasselbe Resultat 7,85 wie auf AB und AD
aber auch schon auf GE oder HF, und kann daher das
Product am bequemsten direct aus GE entnommen werden.
Dieser Umstand erklärt sich einfach dadurch, dass die
Scala auf GE als eine Fortsetzung der Scala AG construirt
ist, indem sie bei G mit dem Werthe $\sqrt{10} = 3,16$ beginnt,
in der Mitte bei J die Zahl 10 trägt, und von J bis E die
Werthe von 10 — 31,6 zeigt. Man kann sich auch hier
vorstellen, der Scalenzug $AGEC$ sei ein bei G und E
rechtwinkelig umgeknickter logarithmischer Maassstab von
der Länge 2 oder für Werthe zwischen 1 und 100. Die
Scala GE resp. HF ist, wie man hieraus erkennt, nur der
Bequemlichkeit halber angebracht, um die zu durchfahrenden
Strecken thunlichst abzukürzen, auch wird hierdurch die
Nöthigung aufgehoben, den Zwischenraum EH überschreiten zu müssen. Man ersieht hieraus, dass bei geeigneter
Auswahl für die gewöhnlichen Rechnungen die zu durchfahrenden Strecken in horizontaler wie verticaler Richtung
höchstens die Hälfte einer Einheit AB, und in diagonaler
Richtung höchstens die Hälfte der Strecke BJ betragen
werden.

Um eine Zahl a durch eine andere b zu dividiren,
suche man a sowohl wie b auf einer der Scalen AB oder
AD, die Diagonale durch den Dividenden a und die be-
treffende Ordinate durch den Divisor b geben einen Schnittpunkt, dessen andere Ordinate den Quotienten ergiebt. Es

ist hierbei ganz gleichgültig, auf welcher der Scalen man
Dividenden und Divisor aufgesucht hat, ob beide auf derselben oder auf verschiedenen, wenn man nur vom Dividenden schräg abgeht, und den Quotienten auf der Scala
sucht, die zu der des Divisors senkrecht steht. Auch hier
wird man bei der Auswahl der Scalen sich von den Rück-
sichten auf möglichst kurze Wege leiten lassen, wie einige
Beispiele darthun mögen. Hat man 8,5 durch 1,2 zu dividiren und sucht 8,5 auf AD, so wird man am besten 1,2
auf AB oder, was auf dasselbe hinausläuft, auf DC wählen,
woselbst man dann bei der Lage des Schnittpunktes in un-
mittelbarer Nähe von D das Resultat auf AD auf einem
verhältnissmässig sehr kurzen Wege erreicht. Man würde
zwar auch den Divisor 1,2 auf AD annehmen können,
müsste dann aber von 8,5 auf AD fast durch das ganze
Diagramm in der Richtung nach B hin gehen, wobei auch
noch der Zwischenraum EH überschritten werden müsste,
hätte ferner von 1,2 vertical aufwärts ebenfalls fast die
ganze Höhe des Diagrammes zu durchschreiten und würde
daher nicht nur mehr Zeit gebrauchen, sondern auch leich-
ter Irrthümern oder ungenauerem Ablesen ausgesetzt sein.
Dass man bei der Division von der Scala GE oder HF
denselben vortheilhaften Gebrauch machen kann, wie bei
der Multiplication, bedarf nur der Erwähnung.

Wenn der Dividend kleiner ist als der Divisor, so kommen nach der vorigen Regel die beiden Linien nicht zum
Schnitte, sobald der Dividend auf AB oder AD angenommen wird. Vielmehr würden die Schnittpunkte entsprechend den negativen Logarithmen eines ächten Bruches
unterhalb AD oder links von AB sich befinden. Auf diesen
Fall ist gleich im Anfange bei Erläuterung der Division
mit Hülfe des Zirkels aufmerksam gemacht worden, und es
ergiebt sich auch aus der dort gemachten Bemerkung die
Regel im vorliegenden Falle. Zählt man nämlich dem Logarithmus des Dividenden eine Einheit zu, d. h. nimmt
man den Dividenden zehnmal zu gross, indem man ihn
nicht mehr auf AB oder AD, sondern auf BC oder DC
aufsucht, so erhält man sicher jetzt einen Schnittpunkt
mit der Ordinate des Divisors, der nach wie vor auf AB
oder AD gesucht wird; das Verfahren bleibt ungeändert,
nur dass das erhaltene Product durch 10 getheilt werden
muss. Wäre z. B. 6 durch 8 zu dividiren, so gehe man
von 60 auf DC oder BC diagonal bis zum Schnitt mit der
Verticalen durch 8 auf AD und von hier horizontal nach
AB, wo man den Werth 7,5 findet, daher den gesuchten
Quotienten gleich 0,75 erhält. Der Kürze halber würde
man den Divisor 8 auf BC (80) und den Quotienten auf
DC ablesen können, welch letzterer dann natürlich durch
100 zu theilen wäre. Aehnlich wie bei der Multiplication
kann man daher hier sagen, dass ein Quotient zwischen 1

und 10 gelegen ist, wenn der Dividend auf der unteren oder linken Scala gewählt wurde, dass dagegen der Quotient zwischen 0,1 und 1 liegt, wenn man den Dividenden auf der oberen oder rechten Scala annehmen musste.

Soll eine Zahl a ins Quadrat erhoben werden, so könnte man dies nach den Regeln der Multiplication wohl ausführen, indem man a mit sich selbst multiplicirt, doch gewährt die Benutzung der Transversalen AE und HC hierbei Erleichterung. Man hat nach dem Früheren nur a auf der horizontalen Scala AD (oder BC) aufzusuchen, in verticaler Richtung bis zur Transversale und in horizontaler Richtung nach AB zu gehen. Hierbei liefern die auf AG gelegenen Werthe von a, also diejenigen zwischen 1 und $\sqrt{10} = 3{,}16$, deren Quadrate zwischen 1 und 10 gelegen sind, Schnittpunkte mit der ersten Transversale AE, während die zwischen 3,16 und 10 befindlichen auf HD enthaltenen Werthe unter Benutzung der zweiten Transversale HC die gesuchten Quadrate auf AB oder kürzer auf DC liefern. Diese Quadrate liegen natürlich zwischen 10 und 100, und daher kann man für die Ausziehung der Quadratwurzel die Regel anführen, dass man die erste Transversale AE benutzt, wenn der Radicand einstellig ist, wogegen für zweistellige Radicanden die zweite Transversale HC die Quadratwurzel ergiebt. Der Weg, auf welchem man zur Quadratwurzel gelangt, ist natürlich dem zum Quadrate führenden gerade entgegengesetzt, d. h. also erst horizontal bis zur Transversale und dann vertical. Um den möglich kürzesten Weg zu wählen, wird man gut thun, einstellige Radicanden auf AB und zweistellige auf DC aufzusuchen.

Wir sahen, dass man bei der Multiplication, Division und beim Potenziren die Zahlen immer durch Verrücken des Kommas in einstellige verwandeln muss. Eine kleine Abweichung von dieser Regel findet beim Wurzelausziehen statt. Man darf beim Ausziehen der Quadratwurzel das Komma in dem Radicanden immer nur um eine gerade Anzahl von Stellen versetzen, indem jeder Versetzung um zwei Stellen im Radicanden eine entsprechende Versetzung des Kommas in der Wurzel um eine Stelle entspricht. (Würde man diese Vorsicht nicht beobachten, so würde man das gefundene Resultat nachher noch mit $\sqrt{10}$ zu multipliciren, d. h. zu den gefundenen Logarithmen das Stück $AG = \frac{1}{2}$ hinzuzufügen haben.) Soll z. B. $\sqrt{4675}$ gefunden werden, so suche man 46,75 auf DC, und versetze in der mit Hülfe der zweiten Transversale HC gefundenen Wurzel 6,83 das Komma um eine Stelle nach rechts, so dass man die Wurzel 86,3 erhält. Sollte dagegen $\sqrt{0{,}0467}$ gefunden werden, so suche man 4,67 auf AB und mittelst der ersten Transversale AE den Werth 2,16 auf AG oder

BE, welcher nach Versetzung des Kommas um eine Stelle
die Wurzel zu 0,216 liefert.

Noch ist zu bemerken, dass man sich zur Ermittelung
der Quadrate und Quadratwurzeln auch der unter 45°
gegen die Axen gezogenen Transversalen AJ und KC bedienen kann, denn geht man von irgend einem Punkte der
Scala AB horizontal nach rechts zu AJ oder KC und dann
diagonal herab, so findet man das Quadrat entweder auf
AGJ zwischen 1 und 10, wenn AJ benutzt wurde, oder
auf DC zwischen 10 und 100, wenn die Transversale KC
den Schnittpunkt enthielt. In welcher Art vermittelst dieser Transversalen AJ und KC die Quadratwurzel gefunden
werden kann, dürfte sich jetzt wohl von selbst ergeben.

Auch die Cuben und Cubikwurzeln finden sich leicht
mit Hülfe der Transversalen AE und HC. Um zunächst
den Cubus einer Zahl, z. B. 1,85 zu finden, gehe man von
1,85 auf AD vertical aufwärts bis zur Transversale AE
und dann diagonal nach AB, woselbst man $a^3 = 6,33$ findet.
Die Scala AB liefert in solcher Art das Resultat von a^3,
so lange a nicht grösser als $\sqrt[3]{10} = 2,15$ ist. Hat a indess
einen grösseren Werth, z. B. 2,9, so würde die von der
Transversale AE schräg aufwärts gezogene Diagonale die
Scala AB erst in der Verlängerung oberhalb B in einem
Punkte treffen. In dem gleichen Abstande, den dieser
Punkt von B haben würde, schneidet aber die Diagonale
auch die obere Scala BE, man kann daher das Resultat
direct auf BE ablesen. Auf diese Weise liefert daher die
Scala ABE so lange den Cubus von a, als letztere Zahl
zwischen A und G, d. h. ihr Werth zwischen 1 und
$\sqrt{10} = 3,16$ gelegen ist. Wird a aber grösser, so dass es,
wie z. B. 4,2 zwischen H und D liegt, so gehe man ebenfalls vertical aufwärts bis zur zweiten Transversale HC
und von derselben schräg herab, um in HD ein Resultat
zu finden, welches mit 10 multiplicirt a^3 giebt. Die Richtigkeit hiervon ist leicht einzusehen, denn der Logarithmus
der Zahl a, also die Strecke Aa (der Zwischenraum GH
ist hierbei immer wegzudenken) besteht aus $AG = \frac{1}{2}$ und
der Strecke Ha. Dieser Logarithmus soll, um die dritte
Potenz zu erhalten, verdreifacht werden. Der Theil AG
ist schon verdreifacht in der Grösse $ABE = 1\frac{1}{2}$, und der
Theil Ha ist durch die angegebene Construction ebenfalls
verdreifacht worden, indem hierdurch das Stück Ha_3 ge-
liefert wurde, wenn der erhaltene Schnittpunkt auf HD
mit a_3 bezeichnet sein mag. Der dreifache Logarithmus
von a besteht also aus der Summe $AB + BE + Ha_3$
$= AB + AG + Ha_3 = 1 + Aa_3$, woraus die Richtigkeit
des Verfahrens folgt. Man erhält in dieser Weise den
Cubus von a so lange, als er nicht grösser als 100, d. h.

so lange a kleiner als $\sqrt[3]{100} = 4{,}64$ ist. Wird a grösser, so würde der Punkt a_3 auf die Verlängerung von AD über D hinaus fallen, und es ergiebt sich aus dem Vorhergehenden, dass man jetzt den gesuchten Werth a^3 auf der Scala DC findet, vorausgesetzt, dass man bei dem Ueberspringen der Ecke D wiederum den Factor 10 ergänzt. Der grösste Werth des Cubus wird natürlich für $a = 10$ erhalten, in welchem Falle die Diagonale die Scala BC in C schneidet, daher den Werth $100 \cdot 10 = 1000$ anzeigt. Man erkennt hieraus, dass der Cubus einer (einstelligen) Zahl entweder auf AB gefunden wird, dann ist er einstellig, oder auf der Scala BE resp. deren Fortsetzung HD, dann ist er zweistellig, oder auf DC, wenn er dreistellig ist.

Für die Bestimmung der Cubikwurzel ergiebt sich nun die Regel analog wie bei der Quadratwurzel von selbst. Zunächst darf man in einer Zahl, aus der die dritte Wurzel gezogen werden soll, das Komma nur um eine durch 3 theilbare Anzahl von Stellen versetzen, indem je einer Verrückung um 3 Stellen im Radicanden eine Versetzung des Kommas um 1 Stelle in der Wurzel entspricht. Dadurch erhält man als Radicanden entweder eine ein-, zwei- oder dreistellige Zahl. Nun ist die Regel einfach die, dass man eine einstellige Zahl auf AB, eine zweistellige auf BE resp. HD und eine dreistellige auf DC aufsucht, und in jedem Falle erst diagonal nach der nächsten Transversale, dann vertical abwärts (wenn der Weg kürzer wird, auch aufwärts) geht. Man kann sich etwa vorstellen, man habe einen zusammenhängenden logarithmischen Maassstab von $1 - 1000$, welcher sich aus den beiden Scalenzügen zusammensetzt ABE und HDC.

Soll z. B. $\sqrt[3]{8526}$ gefunden werden, so suche man, indem man das Komma um 3 Stellen nach links gerückt denkt, $8{,}526$ auf AB, gehe von hier schräg abwärts bis AE und von da vertical (am kürzesten aufwärts), um auf BC den Werth $2{,}04$ zu finden, welcher nach Versetzung des Kommas um 1 Stelle $\sqrt[3]{8526} = 20{,}4$ liefert. Soll dagegen $\sqrt[3]{0{,}0853}$ gefunden werden, so nehme man $85{,}3$ auf HD und findet ebendaselbst mit Hülfe der zweiten Transversale HC den Werth $4{,}41$, hat also $\sqrt[3]{0{,}0853} = 0{,}441$. Will man endlich $\sqrt[3]{0{,}853}$ aufsuchen, so geht man von 853 auf DC aus, und findet gleichfalls mit Hülfe der zweiten Transversale HC auf der oberen Scala den Werth $9{,}48$, so dass man $\sqrt[3]{0{,}853} = 0{,}948$ hat.

Um auch die Rechnungen mit trigonometrischen Functionen mit Hülfe der Tafel leicht ausführen zu können, sind die beiden Rechteckseiten AB und BC noch dazu benutzt, die Logarithmen der Sinus aufzunehmen, und zwar beginnt die Scala bei A mit dem Winkel 34,5 Minuten, dessen Sinus gleich 0,01 ist, zeigt bei B den Winkel 5⁰ 44,5′, dessen Sinus 0,1 ist und endigt bei C mit dem *arc. sin.* 1 $= 90⁰.$ Man kann daher mit den Werthen der Sinus ganz in derselben Art rechnen, wie mit allen übrigen Zahlen, nur ist zu bemerken, dass die Sinus hundertmal zu gross angenommen sind. Man hat also bei jeder mit einem Sinus vorgenommenen Multiplication das Resultat schliesslich durch 100 zu dividiren, und bei jeder damit vorgenommenen Division das Resultat damit zu multipliciren.

In ähnlicher Art sind die beiden anderen Rechteckseiten AD und DC zur Anbringung einer Scala für die Logarithmen der Tangenten benutzt worden, welche Scala bei A mit *arc. tang.* 0,1 $= 5⁰$ 42,5′ beginnt, bei D den Winkel *arc. tang.* 1 $= 45⁰$ enthält, und bei C mit *arc. tang.* 10 $= 84⁰$ 17,5′ schliesst. Es ist ersichtlich, dass die so angegebenen Tangenten zehnmal zu gross angenommen sind, daher eine entsprechende Versetzung des Kommas im Resultat um 1 Stelle nach links oder rechts vorzunehmen ist, je nachdem die Tangente als Factor oder Divisor vorkam.

Es bedarf wohl nur der Erwähnung, dass man auch die Logarithmen der natürlichen Zahlen jederzeit leicht aus irgend einer der Scalen entnehmen kann, wozu nur eine Vergleichung der logarithmischen Theilung mit der gleichmässigen Theilung vorzunehmen ist, in welche jede Seite durch die um 0,01 von einander abstehenden horizontalen oder verticalen Netzstrahlen getheilt wird.

Man bemerkt in der Tabelle ferner noch einige punktirte Linien parallel den Seiten des Diagramms. Dieselben entsprechen gewissen, dem Ingenieur häufig vorkommenden constanten Grössen, wie z. B. $\pi = 3{,}14$; $\frac{\pi}{4} = 0{,}785$; $2\,g = 19{,}61^m$;

$\sqrt{2\,g} = 4{,}429$, *arc.* 1 $= 206265$ Sec., mit welchen häufig eine Multiplication oder Division vorzunehmen ist. Der Gebrauch einer solchen Linie ist sehr einfach. Ist z. B. der Durchmesser eines Kreises $d = 4{,}75^m$ gegeben, so erhält man den Umfang $d\,\pi$, wenn man von 4,75 auf AD vertical aufwärts bis zu der mit π bezeichneten Horizontalen und von da schräg herab nach DC geht, wo der Umfang gleich 14,9 zu entnehmen ist. Soll anderseits der Durchmesser d eines Kreises bestimmt werden, dessen Inhalt etwa 33,2 Quadratmeter beträgt, so gehe man zur Bestimmung von $d = \sqrt{\dfrac{33{,}2}{\frac{\pi}{4}}}$ von 33,2 auf DC diagonal

aufwärts nach der mit $\frac{\pi}{4}$ bezeichneten Verticalen, von

da horizontal nach der Transversale HC und von dieser
vertical (hier am kürzesten nach oben) ab, um in BC den
gewünschten Durchmesser gleich 6,50^m zu erhalten. Beim
Gebrauche der Tafel kann man natürlich nach Bedürfniss
jederzeit noch andere derartige Constanten, welche etwa
öfter vorkommen, durch deutlich in die Augen fallende
Linien repräsentiren.

Es wäre zwecklos, den Leser durch Häufung von Bei-
spielen zu ermüden, die Operationen zur Aufsuchung der
Resultate sind so einfach und naturgemäss, dass es der
Angabe bestimmter Regeln kaum bedurft hätte, und nur
um in etwaigen zweifelhaften Fällen Auskunft zu geben,
ist das Vorstehende etwas ausführlicher behandelt worden,
als Manchem vielleicht nöthig scheint. Den Gebrauch der
Tafel kann ich nicht genug empfehlen. Zwar erfordert er
erst eine gewisse Uebung, ehe der Vortheil des schnelleren
Rechnens sich einstellt, wenigstens gilt dies für die einfachen Multiplicationen und Divisionen. Man wird finden,
dass die Ausführung einer solchen Rechnung im Anfange bei
mangelnder Uebung mit der Tafel nicht schneller, im Gegen-
theil, meist etwas langsamer vor sich geht, als auf dem gewöhnlichen Wege numerischen Rechnens. Anders ist es
schon bei Ausrechnung zusammengesetzterer Ausdrücke,
wo mehrere Multiplicationen, Divisionen, Radicirungen etc.
auf einander folgen. So findet man z.B., dass auch ein vollständig Ungeübter, der die Tabelle zum ersten Male
gebraucht, das Ausziehen einer einfachen Cubikwurzel
schneller mit der Tafel verrichtet, als auf gewöhnlichem
Wege, und dass er bei Bestimmung solcher Ausdrücke wie
$\frac{v^2}{2g}$, $\sqrt{2gh}$, $\sqrt[3]{n^2}$ u. s. w. den gewandtesten Rechner weit
überholt. Wenn dies von völlig Ungeübten gilt, wovon
sich der Leser leicht überzeugen kann, so lässt sich hieraus ein Schluss ziehen auf die Zeitersparniss, welche der
Gebrauch der Tabelle dem damit Bewanderten bietet.

Man hat in neuerer Zeit mit Recht nachdrücklichst auf
die Bedeutung der graphischen Methoden für den Techniker hingewiesen, mit Recht nennt Culmann das „Zeichnen die Sprache des Ingenieurs", leider haben aber noch
nicht allerseits die graphischen Methoden ihre verdiente
Würdigung gefunden. Wenn das vorliegende Täfelchen
dazu dienen könnte, den graphischen Methoden und dem
zeichnerischen Rechnen Freunde zu erwerben, so würde
dies dem Verfasser zur hohen Genugthuung gereichen.

www.ingramcontent.com/pod-product-compliance
Lightning Source LLC
Chambersburg PA
CBHW060939050326
40689CB00013B/3151

* 9 780274 371082 *